AF298676

A mes parents,

157

ACTE PUBLIC

POUR LA LICENCE,

En exécution de l'art, 4, tit. 2, de la loi du 22 ventôse an XII;

SOUTENU

Par M. DUBOIS (Joseph-Amédée),

Né a Murat (Cantal).

Jus Romanum.

Inst. Just. -- Lib. III. -- Tit. I.

De hæreditatibus quæ ab intestato deferuntur.

Intestatus dicitur qui, cum posset testamentum facere, non fecit, aut non jure fecit, aut id quod fecerat ruptum, irritum ve factum est, aut illius hæreditas adita non fuit.

Vocatur quoque hæc hæreditas *legitima* quia lege ipsa hæredes vocantur.

1849

Illa autem defectuosa definitio nou designat omnes quos cumque intestatos decedere possunt.; ad Ulpianum etenim legimus : Planè qui testari non potuit propriè non est intestatus.

Puta impubes , furiosis vel cui bonis interdictum est ; sed hos quoque pro intestatis accipere debemus ; eum etiam qui ab hostibus captus est , si illic decesserit, quoniam ex lege Cornelia , illius successio his defertur , quibus deferretur , si in civitate decessisset.

Nostris primus tituli numerus ita refert : Intestatorum hæreditates ex lege duodecim Tabularum primùm ad *suos hæredes* pertinent.

Genus eorum qui pro suis hæredibus a jure civili habebantur unicum erat, quum inter illos edita prœtorum et imperatoriæ constitutiones plures personas collocaverunt. Numerabimus igitur : 1° suos hæredes ex jure civili , 2° hos etiam qui suis hæredibus edicto prætoris fuerunt equiparati, 3° hos quos hæredes suos accensuerunt imperatorum constitutiones.

Ex jure civili , suos hæredes accipere debemus omnes qui in potestate proxima morientis fuerunt. Numerandi sunt ergo in hoc ordine liberi sive legitimi, sive adoptivi , sive etiam legitimati , tum ii qui in primo gradu , tum ii qui in inferiobus sunt gradibus, si quidem morte patrum vel emancipatione vocentur.

Si posthumus evenit qui , in potestate defuncti fuisset , ille etiam qui , jure civitatis orbatus tempore mortis ascendentis , si gratiâ principis restitutus in integrum fuerit ; inter suos hæredes accensentur.

Quibus connumerare debemus eos qui captivi ab hostibus retenti , in patriam revertuntur ; quoniam in captivitate nunquam fuisse post liminii jure finguntur.

Per contrarium evenit ut qui sui hæredes fieri possunt , non fiunt , quia fiscus ante succedit , ut constat ex numero quinto tituli nostri. Excluduntur reipsa hæredes sui , fisco prælato , si causâ perduellionis defunctus post mortem damnatus fuerit.

Sui hœredes ita dicuntur , quia proximiores sunt et domini quodam modo cum patre existimantur.

Ex hoc, ipso jure et etiam ignorantes succedunt, ita ut inter eorum manus quasi continuatur dominium.

Idcirco, nec furioso curatoris consensu, nec pupillo tutoris auctoritate opus est, quia utroque etiam ignoranti hæreditas acquiritur.

Si omnes im primo gradu sunt hæredes, in capita divisio efficitur. Si vero liberi inœqualibus inter se gradibus sunt collocati, proximiore gradu non excluditur ulterior, sed hœreditas in hoc casu in stirpes dividitur, ita ut, qui secundo gradu conscripti sunt; inter se iterum dividendam accipiant partem quam pater eorum habuisset, si viveret. Successionis ille modus admittitur, sivi filii concurrant cum nepotibus vel pronepotibus, sive, prœmortuis omnibus defuncti filiis, soli veniant nepotes vel pronepotes.

Ita ex lege decemvirali res habebantur Romanæ, quum prætores evenerunt qui, juris civilis iniquitatem temperantes, émancipato libero polliciti sunt bonorum possessionem *undé liberi*, perindè ac si in potale parentis, tempore mortis, fuisset, sive solus esset sive cum sui hæredibus concurreret. Attamen, is qui naturali patre in adoptionem mancipatus fuerat, vel emancipatus in aliam per adrogationem familiam transierat, non prœtorum beneficio fruebatur, nisi, aute perentis mortem, a patre adoptivo emancipatus fuisset. Consignandum est tamen : quam vis emancipatus in adoptiva familia esset, quo tempore naturalis poter decesserat, prœtor ei tribuebat bonarum possessionem *undè cognati* quâ, post agnatos ad hœreditatem veniebat.

Emancipatus ab adoptatore illius à successione distrahebatur, quia minus juris habent adoptivi liberi quam naturales; prœtoris etiam edictum non attingebat eum. Exindè evenire poterat ut adoptato damnosa fieret adoptio

Justinianus, justa ratione motus, eo qui in extraneam familiam transierat, cuncta in naturali familia jura reservavit.

Jus civile solos ex maculis progenitos ad hæreditatem vocabat, quia soli in ejus potestate erant. Hi autem qui ex feminis nascebantur ad hœreditatem post agnatos venebiant, per bonorum possessionem *undè cognati* quam prœtoris favor ipsis pollicebatur.

Hanc juris partem temperantes Valentinianus secundus, Theodosius et Arcadius rescripserunt nepotes ex filia nati, nec non et alteros per feminas descendentes simul cum illis, qui per masculos cunjungebantur, ad successionem venire.

Ad Theodosii constitutionem legimus sequentia : si antè agnatos ad hœreditatem venirent ex filia nati, reservanda erat ab illis quartam partem quam obtinebant collaterales. Quum autem cum suis hœredibus concurrerent iidem ex filia nati, minus tertiam accipere dedebant partem quam mater eorum acceptura erat.

Harum dispositionum primam sustulit, secundam reservavit Justinianus qui posterioribus novellis successionum ordinem commutavit.

Code Civil.

Liv. III. — Tit. XVIII.

Des priviléges et hypothèques.

Le privilége est un droit que la qualité de la créance donne à un créancier d'être préféré à *tous* autres créanciers.

L'hypothèque est un droit réel sur les immeubles affectés à l'acquittement d'une obligation.

Les biens du débiteur étant le gage commun des créanciers, tous peuvent concourir à la distribution du prix qui se fait entre eux au prorata de leurs créances, à moins qu'il n'y ait entre les créanciers des causes légitimes de préférence. Ces causes sont les priviléges et hypothèques dont s'occupe notre titre et que nous venons de définir.

Le but de ce titre est de régler les droits des créanciers dans les rapports qu'ils ont, soit entre eux, soit avec les tiers détenteurs. Cette dernière partie, seulement, fera le sujet de notre étude.

CHAPITRE VI.

De l'effet des priviléges et hypothèques contre les tiers détenteurs.

D'après l'article 2166, les créanciers ayant privilége ou hypothèque inscrite sur un immeuble, le suivent en quelques mains qu'il passe. C'est ce que l'on appelle en jurisprudence *droit de suite*, expression qui désigne le droit que possède le créancier privilégié ou hypothécaire, de poursuivre, comme étant encore son gage, la vente de l'immeuble contre le tiers qui le détient; quel que soit, du reste, la nature de l'acte qui l'ait placé dans les mains de ce dernier. On peut, en effet, devenir tiers détenteur en vertu d'une vente, d'un échange, d'une donation ou d'un titre héréditaire.

L'acquéreur est libre de prendre ou non les mesures établies par la loi pour parvenir à la purge des hypothèques. Il peut conserver l'immeuble en restant au lieu et place du vendeur; obligé à toutes les dettes hypothécaires, il jouit des termes et délais accordés au débiteur originaire. Mais, dans ce cas, s'il ne paye pas tous les intérêts et capitaux exigibles, il est tenu de délaisser l'immeuble hypothéqué sans aucune réserve; mais en payant les dettes exigibles, il pourra se dispenser de purger son immeuble. De tout ce qui vient d'être dit, il résulte que tout acquéreur d'un immeuble hypothéqué se trouve dans la nécessité de payer les dettes exigibles, de purger entièrement l'objet de son acquisition, ou enfin de le délaisser, et à défaut par lui de ne point satisfaire pleinement à l'une de ces obligations, chaque créancier hypothécaire, d'après l'article 2169, a le droit de faire vendre sur lui l'immeuble hypothéqué, trente jours après commandement fait au débiteur originaire, et sommation faite au tiers détenteur de payer les dettes exigibles ou de délaisser l'héritage. Cependant, même dans le cas d'inaction du tiers détenteur, la loi ne l'a point complètement désarmé et lui a laissé le bénéfice d'opposer à l'exercice du droit de suite des exceptions qui n'atteignent pourtant pas les créances privilégiées ou spécialement hypothéquées sur l'immeuble. En premier lieu, le tiers détenteur qui n'est pas personnellement obligé à la dette, peut invoquer le bénéfice de discussion, s'il existe d'autres immeubles hypothéqués à la même dette, dans la possession des principaux obligés. Remarquons, en passant, que la loi soumet à trois conditions le tiers détenteur qui veut user du bénéfice de discussion. Il faut d'abord qu'il existe entre les mains de l'obligé primitif d'autres immeubles hypothéqués à la même dette. Il faut, en second lieu, que le tiers détenteur qui réclame le bénéfice de discussion, ne soit point obligé personnellement à la dette. Or, est obligé personnellement pour tout ou partie de la dette, celui qui est héritier du débiteur primitif; celui qui a contracté avec le débiteur primitif une obligation solidaire, ou s'est engagé conjointement avec lui; celui, enfin, qui s'est rendu caution du débiteur primitif, telles sont les deux conditions imposées par l'article 2170. L'article suivant en impose une troisième que nous devons également prendre en considération. L'exception de discussion, dit-il, ne peut être opposée au créancier privilégié ou ayant une hypothèque *spéciale* sur l'immeuble; car l'immeuble est dans ce cas, en effet, le gage tout particulier du créancier auquel l'hypothèque a été concédée; le tiers détenteur ne peut donc échapper à ses poursuites.

A défaut du bénéfice de discussion, le tiers détenteur qui ne veut pas se soumettre au payement des dettes, doit user du droit que lui donne la loi de délaisser l'immeuble, pourvu toutefois qu'il ait la capacité d'aliéner et qu'il ne soit point personnellement obligé. Le délaissement peut être fait après l'expiration des trente jours de la sommation, si les poursuites d'expropriation ne sont pas commencées; mais s'il y a

déjà eu commencement de poursuites, il ne reste plus au tiers détenteur qu'un moyen de les faire cesser : c'est de désintéresser complètement le créancier en capitaux, intérêts et frais.

Le délaissement peut être opéré par le tiers détenteur, même après
qu'il a reconnu l'obligation ou qu'il a subi une condamnation en cette
qualité. Néanmoins, le délaissement ne l'empêche pas, jusqu'à l'adjudication, de reprendre l'immeuble, en payant toutes les dettes et les
frais. En effet, le délaissement, loin d'être une abdication de la propriété, ne peut être pris que pour un simple abandon de la possession;
de telle sorte que si l'immeuble vient à périr, il périt pour le tiers détenteur; comme aussi, dans le cas d'adjudication, si l'immeuble est
adjugé à un prix supérieur à celui qui est nécessaire pour payer complètement les créanciers, le surplus appartient au tiers détenteur qui a
fait le délaissement.

Le délaissement se fait au greffe du tribunal de la situation des biens,
et il en est donné acte par ce tribunal. Sur la pétition du plus diligent
des intéressés, on nomme un curateur à l'immeuble sur lequel on pour-
suit la vente, sans qu'il soit besoin de la faire précéder du commandement qui ouvre ordinairement la marche en matière de saisie-immobi-
lière; car, dans ce cas, l'expropriation n'est que la conséquence du
commandement qui a déjà été signifié au débiteur originaire.

L'article 2177 fait revivre au profit du tiers détenteur de l'immeuble, les servitudes et droits réels qu'il avait avant sa possession, l'acte
translatif de propriété étant résolu, comme s'il n'avait jamais existé.

Ses créanciers personnels, après tous ceux qui sont inscrits sur les
précédents propriétaires, exercent leur hypothèque à leur rang sur le
bien délaissé. Si des créanciers du précédent propriétaire, usant du bénéfice que leur accorde l'article 834 du Code de procédure civile, se
sont faits inscrire sur l'immeuble postérieurement à son aliénation,
mais du moins dans la quinzaine de la transcription de l'acte translatif
de propriété, il est incontestable qu'ils ne pourront être évincés de leurs
droits d'hypothèques par les créanciers personnels de l'acquéreur,
toute décision contraire rendrait illusoire le bienfait de l'article précité.

Le tiers détenteur est tenu d'indemniser les créanciers privilégiés et hypothécaires des détériorations qui procèdent de son fait ou de sa négligence. Cette clause de la loi apporte une restriction à son droit de propriétaire, c'est que réellement, depuis l'inscription de l'hypothèque, l'immeuble a cessé d'être entièrement la propriété du tiers détenteur, puisqu'il est devenu le gage des créanciers, presque leur propriété ; aussi le possesseur actuel doit-il apporter à sa conservation les soins les plus minutieux. Le tiers détenteurs ne peut non plus répéter ses impenses ou améliorations, que jusqu'à concurrence de la plus value, résultant de l'amélioration. Si les dépenses faites par le tiers détenteur, ont été nécessaires à la conservation de l'immeuble, il devra entièrement en être remboursé par les créanciers. Parmi les charges da tiers détenteur, n'oublions pas qu'il est soumis à la restitution des fruits de l'immeuble, à compter du jour de la sommation de payer ou de délaisser ; et si les poursuites sont abandonnées pendant trois ans, à compter de la nouvelle sommation qui sera faite. Si enfin, le tiers détenteur, pour s'opposer à la vente de l'immeuble, prétend que ses créances personnelles absorbent, par des hypothèques antérieures, toute la valeur de l'héritage, que doit-on décider ? Nous pensons que le tiers détenteur ne peut retenir l'immenble, car sa priorité d'hypothèque ne peut enlever au créancier subséquent, le droit qui lui est accordé par l'art. 2169, de poursuivre contre tout tiers détenteur la vente de l'immeuble hypothéqué.

Il peut arriver que par suite de l'expropriation le tiers détenteur éprouve de véritables pertes qu'il ne doit point supporter. Aussi, la loi a-t-elle prévu ce cas, dans l'art. 2178, lorsqu'elle dit : Le tiers détenteur qui a payé la dette hypothécaire, ou délaissé l'immeuble hypothéqué, ou subi l'expropriation de cet immeuble, a le recours en garantie tel que de droit, contre le débiteur principal.

Dans ces divers cas, le tiers détenteur assimilé à celui qui a subi une éviction, possède les mêmes droits que ce dernier, à moins que l'acte de vente ne porte expressément le contraire.

CHAPITRE VII.

De l'extinction des priviléges et hypothèques.

Le législateur s'occupe, dans ce chapitre, de l'extinction des priviléges et hypothèques, et détermine, dans l'art. 2180, quatre circonstances principales qui entraînent l'anéantissement des priviléges et hypothèques :

1° L'extinction de l'obligation ; l'hypothèque n'étant qu'un accessoire, il est évident qu'elle doit suivre le sort du principal et s'éteindre avec lui.

2° La renonciation du créancier à l'hypothèque ; la renonciation est l'acte par lequel le créancier abandonne ses droits sur la chose, en se réservant seulement son action personnelle contre le débiteur. Elle peut être expresse ou tacite. Tout acte par lequel le créancier déclare formellement qu'il renonce à l'hypothèque, constitue une renonciation expresse, Mais, si cette renonciation ne s'induit que de certains faits, elle est tacite. Par exemple, si le créancier consent à la donation de l'objet hypothéqué, faite par son débiteur. Du reste, ce n'est que d'après l'appréciation des faits et des circonstances qu'on peut dire qu'il y a renonciation tacite.

3° La purge, dont nous allons nous occuper.

4° La prescription.

La prescription est une manière d'acquérir ou de se libérer par un certain laps de temps,

Pour bien analiser tout ce qui concerne la prescription de l'hypothèque, il y a deux cas à observer : ou bien, l'immeuble est entre les mains du débiteur, ou bien, il est passé dans les mains d'un tiers détenteur ; dans le premier cas, la prescription s'accomplit par le temps fixé pour la prescription des actions qui donnent le privilége ou l'hypothèque ; dans le second cas , la prescription est acquise au tiers détenteur par le temps réglé pour la prescription de la propriété à son profit , c'est-à-dire , par trente ans , lorsqu'il n'y a pas de titre , et par dix ans entre présents , et vingt ans entre absents , s'il y a juste titre et bonne foi ; il suffit que la bonne foi existe au moment de l'acquisition ; elle se présume.

La prescription ne commence à courir que du jour où le titre a été transcrit sur les registres du conservateur ; la raison en est que la prescription ne peut courir contre quelqu'un, que du jour où il a pu en connaître la cause. La prescription ne peut être interrompue par l'inscription d'hypothèques prises depuis la transcription du titre ; si donc le créancier veut interrompre la prescription , il doit assigner le débiteur ou, dans le cas d'aliénation, le tiers détenteur, en reconnaissance d'hypothèques.

La perte totale ou la mise hors du commerce de la chose sur laquelle le privilége ou l'hypothèque sont assis , est encore un mode d'extinction de l'hyqothèque.

CHAPITRE VIII.

Du mode de purger les propriétés des priviléges et hypothèques.

La purge des hypothèques est un moyen legal , qui a été donné au tiers détenteur, d'affranchir son fonds et de prévenir les poursuites des eréanciers hypothécaires. La purge qui n'est que dans l'intérêt du tiers détenteur , est toujours facultative.

Le chapitre qui nous occupe énumère les diverses formalités à remplir pour arriver à la purge des hypothèques. Ainsi, d'après l'art. 2184, les contrats translatifs de propriété d'immeubles ou droits réels mobiliers , que les tiers détenteu.s voudront purger de priviléges et hypothèques , seront transcrits en entier par le conservateur des hypothèques, dans l'arrondissement duquel les biens sont situés.

Cependant, la transcription, principal élément de la purge, ne suffit point pour l'opérer ; le tiers détenteur doit, soit avant les poursuites, soit dans le mois au plus tard, à compter de la première sommation qui lui est faite, faire les notifications prescrites par l'art. 2183. De plus, il est obligé, en vertu de l'article suivant, de déclarer par le même acte, qu'il est prêt à acquitter les dettes et charges hypothécaires, jusqu'à concurrence seulement du prix, sans distinction des dettes exigibles ou non exigibles. Du reste, à moins de sommation faite par les créanciers, l'acquéreur n'est point soumis à un délai pour faire transcrire et purger ; et, quand il y a sommation, le délai d'un mois donné à l'acquéreur ne nous semble pas devoir être fatal. Nous croyons, au contraire, que tant que les poursuites de saisie immobilière ne sont pas commencées, l'acquéreur de l'immeuble possède toujours la faculté de purger, attendu que cette notification, accompagnée de l'offre de payer, a pour résultat d'arrêter les poursuites des créanciers.

Cette notification, aux termes de l'article 832 du Code de procédure civile, doit être faite par un huissier commis à cet effet. De plus, elle contiendra constitution d'avoué près le tribunal où la surenchère et l'ordre devront être portés.

L'extrait du titre notifié doit mentionner le prix et les charges faisant partie du prix de la vente. Mais il peut arriver que l'acquéreur soit devenu par la même vente et sous un même prix, propriétaire de plusieurs immeubles, les uns hypothéqués, les autres francs de toute hypothèque ; comment alors doit avoir lieu la déclaration ? L'article 2192 statue à cet égard, et veut que le prix de chaque immeuble frappé d'inscription particulières et séparées, soit déclaré dans la notification, par ventilation.

Lorsque le nouveau propriétaire a fait cette notification dans le délai fixé, tout créancier dont le titre est inscrit, peut requérir la mise de l'immeuble aux enchères et adjudication publique, à la charge de remplir, à peine de nullité, les cinq conditions portées par l'article 2185. Cette réquisition devra être faite par un huissier commis à cet effet, et contenir constitution d'avoué. Cette réquisition d'enchère faite par un des créanciers acquiert à tous autres, le droit de soumettre l'immeuble à l'adjudication publique et d'élever, par ce moyen, le prix de l'immeuble hypothéqué. Aussi, lisons-nous dans l'article 2190 : le désistement du créancier requérant, la mise aux enchères, ne peut, même quand il paierait le montant de la soumission, empêcher l'adjudication publique, si ce n'est du consentement de tous les autres créanciers hypothécaires.

La revente sur enchères a lieu dans les formes établies pour les expropriations forcées, à la diligence soit du créancier qui l'aura requise, soit du nouveau propriétaire ; le poursuivant énoncera dans les affiches le prix stipulé dans le contrat, et la somme en sus de laquelle le créancier s'est obligé de la porter ou de la faire porter. Du reste, en vertu de l'article 2190, il nous semble que les autres créanciers ont le droit de poursuivre l'expropriation, si les diligences nécessaires ne sont pas faites par le créancier requérant ou le propriétaire.

Si nul créancier hypothécaire n'a requis la mise aux enchères dans le délai et les formes prescrites, la valeur de l'immeuble demeure fixée au prix stipulé dans le contrat, ou déclaré par le nouveau propriétaire. Mais l'immeuble ne se trouve définitivement purgé, que par le paiement de ce prix aux créanciers qui seront en ordre de recevoir. A défaut de ce paiement, le législateur a permis à l'acquéreur de consigner le prix de l'immeuble, en ayant soin pourtant de notifier cette consignation au vendeur primitif.

Si l'acquéreur devient adjudicataire de l'immeuble mis aux enchères, il a le droit de répéter contre son vendeur le remboursement de ce qui excède le prix stipulé par son titre, et l'intérêt de cet excédant à compter du jour de chaque paiement. Si c'est, au contraire, tout autre que le tiers détenteur qui est dernier adjudicataire de l'immeuble, l'article 2188 de notre chapitre nous fait connaître les charges qui lui sont imposées par la loi.

CHAPITRE IX.

*Du mode de purger les hypothèques, quand il n'existe d'inscriptions
sur les biens des maris et des tuteurs.*

Le législateur, après s'être occupé du mode de purger les hypothè-
ues inscrites, devait s'occuper des formalités à remplir pour purger les
hypothèques qui peuvent exister sans inscriptions. Aussi, lisons-nous
dans l'art. 2193 : Pourront, les acquéreurs d'immeubles appartenant
à des maris ou à des tuteurs , lorsqu''il n'y aura pas d'inscription sur
lesdits immeubles , purger les hypothèques qni existaient sur les biens
par eux acquis. L'article suivant énumère les formalités à remplir.
Dans le cas qui nous occupe, elles sont au nombre de trois : dépôt au
greffe de la copie du titre translatif de propriété; signification de l'acte
tant à la femme qu'au subrogé-tuteur, qu'au procureur de la République ; affiches , pendant deux mois , dans l'auditoire du tribanal, de
l'extrait du titre. Pendant ce temps , tous les intéressés sont tenus de
prendre inscription , s'il y a lieu ; et si, après ce délai, il n'est pas pris
d'inscriptions du chef des femmes mariées, mineurs ou interdits, l'immeuble est acquis à l'acquéreur, libre de toute hypothèque légale,
seulement, la loi réserve aux intéressés le recours contre le mari ou le
tuteur.

Si, au contraire, il a été pris des inscriptions, il faut se conformer
aux dispositions contenues aux deuxième et troisième paragraphes de
l'art. 2195.

Code de Commerce.

Liv. III. — Tit. I.

Des faillites et banqueroutes.

CHAPITRE VII.

Des différentes espèces de créanciers.

Après avoir indiqué les régles à suivre pour faire déclarer la faillite, nommer les juges-commissaires, reconnaître les créanciers qui doivent prendre part à l'actif et vérifier leurs créances, le code, ou plutôt la loi du 28 mai 1838, qui s'est fondue avec lui, s'occupe des droits divers donnés aux créanciers par la nature de leurs créances.

Le législateur s'est d'abord occupé, dans la première section, des créanciers qui pouvaient avoir plusieurs débiteurs coobligés, tous en état de faillite.

Leurs droits, sous l'empire des anciennes ordonnances, imparfaitement définis, laissaient une vaste carrière aux interpellations les plus diverses. *Savary* voulait que le créancier eut le droit de choisir la masse qui lui était avantageuse, sans qu'il lui fut possible de se présenter aux autres. D'autres, au contraire, voulaient que le créancier eut le droit de se présenter à toutes les masses, en ayant soin de déduire les dividendes déjà reçus.

Le code de l'Empire et la nouvelle loi ont adopté cette dernière opinion et ont décidé que le créancier pourrait se présenter à toutes les masses, afin d'y figurer pour la valeur nominale de sa créance et jusqu'à parfait paiement.

Ainsi sont réglés, par l'art. 542, les droits du créancier contre ses débiteurs coobligés. Quels sont ceux maintenant des codébiteurs, dans la faillite de leur codébiteur ? C'est ce que la loi régle dans les articles suivants.

Si le codébiteur du failli a payé au créancier commun tout ou partie de sa créance, il est subrogé aux droits de celui-ci et se présente à la masse en se faisant inscrire proportionnellement à la somme qu'il a payée

Mais alors le créancier qui n'a été désintéressé qu'en partie ne peut se présenter à la masse que déduction faite de l'à-compte qu'il a reçu ; car, il serait injuste qu'en se présentant pour la totalité, il forçât la faillite à payer deux fois la même dette.

Le créancier, avons-nous dit, peut se présenter à toutes les masses pour obtenir le paiement intégral et, suivant le passif de chacune d'elles, il obtient un droit proportionnel plus ou moins fort. Malgré cette différence, les faillis n'ont aucun recours, à moins cependant, que le total des divers dividendes n'excéde le montant de la créance, auquel cas, le surplus est distribué aux coobligés qui servaient de garant aux autres.

Dans la seconde section, le code s'occupe des droits des créanciers nantis d'un gage, et de ceux privilégiés sur les meubles. Analysons les principes que la loi pose à ce sujet.

Le gage, ainsi que l'indique sa seule dénomination, est un objet que le débiteur a remis au créancier pour lui garantir le paiement de la dette ; aussi, d'après l'article 2073 du Code civil, les créanciers valablement nantis d'un gage, jouissent d'un privilége sur l'objet qui leur a été remis. Ce privilége ne confère pas la propriété de la chose remise ; mais si les syndics autorisés par le juge commissaire, ne la retirent pas, le créancier a le droit de la faire vendre.

Ainsi privilégié, le créancier nanti d'un gage n'est porté dans la masse que pour mémoire, ainsi que l'énonce l'art. 546. Si le prix de la vente du gage faite par le créancier dépasse le montant de la créance, l'excédant est rapporté à la masse; si, au contraire, le prix ne suffit pas pour payer le détenteur du gage, il est rangé dans la catégorie des créanciers chirographaires, et, comme eux, il prend part à la contribution pour ce surplus. Dans le but d'obvier à toute fraude préjudiciable aux droits des autres créanciers, le nantissement devra être prouvé par un acte authentique ou un acte sous seing-privé ayant date certaine.

Le Code de commerce n'a nullement altéré les règles établies par l'art. 2101 du Code civil, sur les créances privilégiées. Aussi, sous la dénomination de frais de justice, comprendrons-nous tous ceux qui ont rapport à la masse de la faillite, tels que frais de déclaration, frais de scellés, inventaires et autres de même nature. Quant aux frais aventurés par le créancier, pour obtenir une condamnation contre le failli, ils ne sont nullement privilégiés et suivent le sort de la créance.

L'article 549 assure expressément un privilége sur la généralité des meubles, aux ouvriers employés directement par le failli, pour le salaire du mois qui aura précédé la déclaration de faillite. Les commis à appointements fixes et annuels, jouissent du même privilége pour le salaire des six mois qui ont précédé la faillite.

Pourquoi l'article suivant détruit-il, en matière de faillite, le privilége établi par l'art. 2102 du Code civil, au profit du vendeur d'effets mobiliers ? C'est que trop souvent le dol et la fraude ont profité de ce privilége, au préjudice de créanciers qui n'avaient réellement prêté qu'en vue des riches mobiliers du failli.

L'état des créanciers privilégiés sera présenté par les syndics au juge-commissaire, qui autorisera le paiement, s'il y a lieu, sur les premiers deniers rentrés. Mais si le privilége est contesté, le tribunal décidera.

La loi aborde, en troisième lieu, les droits des créanciers hypothécaires et privilégiés sur les immeubles. Avant d'entrer dans l'étude de ces droits, rappellons-nous la définition que le Code civil nous donne de l'hypothèque.

L'hypothèque est un droit réel donné aux créanciers, sur un ou plusieurs immeubles, qui doit leur assurer le paiement de la créance qu'ils n'auraient pas consentie, s'ils n'avaient eu confiance dans cette garantie. Le cas de faillite ne saurait donc leur enlever ce droit, ni les empêcher d'avoir tous les biens de leur débiteur pour gage commun.

Cependant les auteurs du Code avaient voulu, dans un premier projet, séparer en deux classes les créanciers du failli et n'accorder aux créanciers hypothécaires des droits que sur les immeubles affectés à la garantie de leurs créances, afin d'abandonner tous les effets mobiliers aux créanciers chirographaires. Ce système n'a prévalu ni dans le Code, ni dans la nouvelle loi, qui a réglé ainsi qu'il suit les droits des créanciers :

1° Le créancier hypothécaire placé en rang utile, a été complètement payé sur le prix des immeubles; alors, il doit à la masse chirographaire tout ce qu'il a reçu au prorata de sa créance dans la distribution des effets mobiliers, si elle a eu lieu, ou bien il doit s'abstenir de s'y présenter, si l'ordre a précédé cette distribution.

2° Le créancier hypothécaire placé pour partie en rang utile, n'a pas été complètement payé sur le prix des immeubles, attendu, par exemple, l'antériorité des droits d'un autre créancier hypothécaire. Dans ce cas, si l'ordre a précédé la distribution des effets mobiliers, il doit se présenter à celle-ci pour le restant des sommes qui lui sont dues par le failli, mais à titre de chirographaire; si, au contraire, l'ordre a été précédé par la distribution des effets mobiliers, les deniers qu'il a reçus au-delà de ce qui lui est dû par la faillite, sont retenus sur sa collocation hypothécaire et reversés à la masse chirographaire.

3° Enfin, le créancier hypothécaire, par suite des droits antérieurs aux siens, n'arrive nullement en rang utile : il est alors considéré entièrement comme créancier chirographaire, et soumis comme tel à toutes les formalités imposées aux créanciers de cette nature.

Dans la section 4, le Code s'occupe des droits de la femme sur les biens de son mari tombé en faillite. Tout en nous rappelant que ces dispositions reposent sur ce grand principe, que la femme du failli doit retirer tout ce qu'elle a apporté, sans rien prétendre au-delà, vu les limites resserrées de notre sujet, nous n'entrerons point dans l'examen approfondi de cette législation conservatrice, à la fois des droits si sacrés de la femme et des intérêts si chers du commerce et de la prospérité publique.

TITRE III.

De la revendication.

La revendication est l'action par laquelle on réclame une chose dont on se prétend propriétaire.

Cette action donne donc au propriétaire de la chose revendiquée, le droit de la faire distraire de l'actif de la faillite, sans que les créanciers du failli puissent y prétendre aucun droit, pourvu toutefois que le revendiquant rembourse à la faillite, si cela n'a pas été déjà fait, tous les frais faits par elle à l'occasion de l'objet revendiqué, tels que frais de voiture, de fret, d'assurances ou de commission. Il est bien entendu aussi que la revendication ne peut préjudicier aux droits du trésor public, s'il en existe.

Examinons maintenant les cas divers où il peut y avoir lieu à revendication.

La loi du 28 mai 1838 nous apprend que l'on pourra revendiquer en cas de faillite, les remises en effets de commerce ou autres titres non encore payés et qui se trouveront en nature dans le portefeuille du failli, dans le cas seulement où le propriétaire de ces effets ou titres, aurait donné mandat d'en faire le recouvrement, d'en garder la valeur à sa disposition ou de les affecter spécialement à des paiements déterminés.

Ainsi que le porte notre article, il existe donc un contrat de mandat entre le propriétaire des titres et le failli ; quelque mauvaise qu'ait pu devenir la position de celui-ci, le mandant ne peut perdre sa qualité de propriétaire qui, intégralement conservée, lui donne le droit de revendiquer sa propriété.

Dans le cas où le propriétaire d'une chose l'aura confiée à titre de dépôt, ou pour être vendue pour son compte, entre les mains du failli, le premier pourra toujours la revendiquer tant qu'elle existera en nature, en tout ou partie, et si la vente en a été faite par le failli, le propriétaire pourra en revendiquer le prix, pourvu cependant qu'il n'ait pas été passé en compte courant avec le failli. Dans ce cas, en effet, la somme revendiquée s'est fondue dans l'actif de la faillite et le déposant reste, il est vrai, créancier de cette somme, mais créancier pur et simple et n'ayant aucun droit de se faire payer par préférence.

Quels seront maintenant les droits du propriétaire qui aura expédié des marchandises au failli ? L'art. 576 de la loi précitée exige trois conditions pour que la revendication puisse avoir lieu. Il faut d'abord que les marchandises vendues *et non payées* ne soient pas entrées dans les magasins de l'acheteur, ni dans ceux du commissionnaire chargé de les vendre pour le compte de celui-ci.

Pour seconde condition, la loi exige que ces marchandises n'aient pas été vendues à un tiers de bonne foi ; sur factures, connaissements ou lettres de voiture, signés de l'expéditeur.

Une troisième condition qui ressort des expressions même de la loi, c'est que l'identité des marchandises soit bien constatée ; en effet, l'art. 576 dit bien : Les marchandises expédiées au failli et non point toutes autres marchandises.

Une des plus simples conséquences du droit *inattaquable* de propriété, c'est que le vendeur d'une chose qu'il n'aura encore ni livrée ni expédiée au failli, aura le droit de la retenir jusqu'à parfait paiement ; aussi, la loi a-t-elle consacré avec raison ce principe dans son art. 577.

Le droit de revendication qui résulte d'un prêt à usage fait au failli, ne saurait être sérieusement contesté ; aussi ne fesons-nous que le mentionner, en observant toutefois que l'usage ayant prévalu de n'employer pour ces sortes de conventions ni témoins, ni écrits, les circonstances seules du prêt à usage peuvent servir à en constater la réalité ; c'est au mandataire de la masse, sous la surveillance et avec l'approbation du juge-commissaire, qu'est dévolu le soin de les apprécier.

Nous venons d'établir les droits du créancier, agissant contre la faillite ; quels sont donc ceux de la faillite combattant les prétentions des créanciers ?

Dans tous les cas de revendication, excepté ceux de dépôt et de consignation, les syndics auront la faculté, sous l'autorisation du juge-commissaire, de retenir les marchandises revendiquées ou d'en exiger la livraison, en payant au créancier vendeur le prix convenu entre lui et le failli. Pourquoi cette faveur accordée aux créanciers du failli, lorsque c'est par suite d'un dépôt ou d'une consignation qu'ils le sont devenus? C'est que dans l'un et l'autre cas leur caractère de propriétaire est tellement conservé, qu'on ne saurait, à moins d'injustice et sauf les exceptions prévues par la loi, repousser leurs prétentions.

Ce sont les syndics de la faillite qui sont chargés d'admettre, sauf approbation du juge-commissaire, les demandes en revendication ; et s'il y a contestation, le tribunal prononcera après avoir entendu le juge-commissaire.

Droit Administratif.

De la juridiction gracieuse administrative.

La juridiction administrative est l'action du pouvoir administratif. Elle se divise en juridiction contentieuse et juridiction gracieuse:

Nous n'avons à nous occuper que de cette dernière.

La juridiction gracieuse correspond à l'administration active au premier chef. Son principal caractère est de ne jamais produire la *chose jugée*. Cependant, ses actes font souvent naître des droits acquis qui peuvent soulever des discussions. Le deuxième caractère de cette juridiction, c'est qu'il n'y a pas de degrés d'instance. De ces deux principes on a déduit, comme conséquences incontestables, les régles suivantes .

1° Les actes de juridiction gracieuse peuvent être rétractés tant qu'ils n'ont pas donné lieu à un droit acquis.

2° Les formes qui précèdent l'exercice de cette juridiction, quand elles n'ont pas été tracées par la loi, sont à la discrétion des agents de l'administration.

3° On peut toujours demander à l'agent supérieur la rétractation de l'arrêté pris par l'agent inférieur.

Les matières soumises à la juridiction gracieuse, sont ou gracieuses par leur nature ou elles ne le sont que suivant les circonstances. Dans le premier cas, aucun recours n'est possible et le pourvoi doit être rejeté sans examen. Dans le second , il faut entrer dans la discussion de la contestation , pour savoir si la matière est gracieuse ou contentieuse.

Quand la matière est de nature gracieuse , l'énonciation seule l'indique. Les actes de tutelle, par exemple, émanent du pouvoir gracieux : aussi une commune se pourvoit en conseil d'Etat contre le refus du préfet ou du ministre , d'homologuer ses actes avec un particulier , le conseil d'Etat rejette . car c'est purement gracieux , il n'y a donc point de recours. Si, au contraire, le requérant justifis d'un droit méconnu, le conseil d'Etat, sur l'inspection de son recours, ne peut, de prime abord, le déclarer non recevable. De sorte, qu'en matière gracieuse, le pourvoi n'est pas toujours admissible, mais l'examen du fonds doit toujours décider si la matière est gracieuse ou non.

Les principaux agents individuels ou collectifs de l'administration sout : les préfets , les conseils de préfecture , les ministres, le conseil d'Etat , le chef du pouvoir exécutif.

1. *Préfets.*

Le préfet, agent de l'administration active au premier chef , est tribunal administratif au premier degré : il remplit la double mission de préparer et de faire exécuter les arrêtés de l'administration supérieure; quelquefois il est investi du pouvoir de faire droit , seul, aux réclamations, sauf recours. Le préfet agit souvent seul ; mais il peut agir aussi avec le conseil de préfecture ; c'est-à-dire qu'il rend des arrêtés seul ou en conseil de préfecture. Dans ce dernier cas, il doit en faire mention, sous peine de nullité, et faire précéder son arrêté des termes suivants : *Nous, avec l'avis du conseil de préfecture, etc.* Quand la loi ne s'exprime pas nettement sur la demande qui lui est portée, le préfet doit s'éclairer de l'avis du conseil, afin de ne pas soumettre l'administration aux embarras d'une question non encore décidée.

Sur toutes les affaires gracieuses dévolues à la décision du préfet, la loi a déclaré quelles étaient celles ou l'avis du conseil de préfecture devait être demandé par le préfet; cependant celui-ci n'est nullement obligé de suivre l'avis qu'il est forcé de demander.

Donnons quelques exemples :

1° *Les préfets seuls* sont compétents, en règle générale, pour ordonner toutes les mesures provisoires qui intéressent l'ordre et la sécurité publique, pour régler la police et la surveillance des exploitations de mines, etc.; les frais de contrainte, commandements et autres poursuites en matière de contributions directes. Cependant ces derniers règlements doivent être approuvés par le chef du pouvoir exécutif.

2° Les préfets , en conseil de préfecture, établissent la répartition de l'impôt entre les communes, d'après les décisions du conseil-général, rendues sur leurs réclamations, etc...

2. *Conseils de préfecture.*

La juridiction gracieuse des conseils de préfecture est fort restreinte, elle se borne à certaines matières désignées ; ainsi, par par exemple, lorsqu'ils donnent aux communes l'autorisation de plaider. Le conseil de préfecture est, de son essence, un tribunal administratif et appelé par là même à juger le contentieux administratif.

3. *Ministres.*

En matière gracieuse, les ministres sont les agents supérieurs auxquels viennent aboutir toutes les réclamations. Chacun, dans la sphère de ses attributions, est appelé à prononcer sur les réclamations dirigées contre les agents inférieurs placés sous ses ordres. On peut toujours, par exemple, recourir de la décision du préfet au ministre dont il ressort, quand cet arrêté émane de la juridiction gracieuse du préfet, car quand il s'agit de sa juridiction contentieuse, le conseil d'Etat a seul le droit d'infirmer. Quelquefois, quand les arrêtés des ministres sont nécessaires, les agents inférieurs ne font que préparer l'instruction gracieuse administrative qui doit être renvoyée aux ministres. Dans d'autres cas, les ministres agissent sans demander l'avis du préfet.

4. *Le chef du pouvoir exécutif.*

La Révolution de Février, ce fait immense qui a si rapidement changé les décors de la machine gouvernementale, n'a point altéré beaucoup les prérogatives du chef de l'Etat. En effet, le président de la République, a conservé presque toutes les attributions gracieuses de l'ancien monarque. Ainsi, par de simples décrets, il prononce sur les réclamations des conseils municipaux, contre les arrêtés des préfets qui déclarent la nullité de leurs délibération ; il prononce la dissolution des conseils généraux, de ceux d'arrondissement, etc..., il arrête les projets de règlements d'octroi ; il accorde les prorogations des brevets d'invention. Consignons ici une des graves atteintes portées par la nouvelle Constitution aux prérogatives gracieuses du chef de l'Etat : l'art. 55 de cette Constitution confère au président de la République le droit de faire grâce, sous la restriction qu'il prendra préalablement l'avis du conseil d'Etat. Du reste, le chapitre 5 de la Constitution de 1848 nous donne une idée assez exacte des droits et des devoirs du président de la République.

Nous terminerons ces considérations par quelques mots sur le conseil d'Etat, et sans entrer dans l'étude détaillée de la loi organique des 15 et 27 janvier, 3 et 8 mars 1849, nous nous bornerons à indiquer le but de l'institution et à signaler les principales différences qui existent entre le nouveau conseil d'Etat et celui de la monarchie. La mission du conseil d'Etat est de se placer en intermédiaire entre les deux grands pouvoirs de l'Etat, de leur prêter son appui, de les éclairer de ses connaissances propres, d'alléger leur responsabilité par son concours, de faciliter leurs relations mutuelles et de tempérer enfin ce qu'une assemblée unique pourrait avoir de trop hardi, ce que le gouvernement pourrait avoir d'arbitraire.

Si, enfin, nous voulons bien connaître les traits qui distinguent la nouvelle institution de celle qui la précédée, remarquons que le nouveau conseil d'Etat participe nécessairement à la préparation et à la rédaction des lois ; il est le conseil obligé du gouvernement, sauf quelques exceptions, pour les lois que celui-ci propose ; le conseil facultatif de l'Assemblée, pour celles qui viennent de l'initiative parlementaire. Le dernier conseil d'Etat n'était jamais consulté sur les projets d'initiative parlementaire ; il ne l'était que rarement sur ceux du gouvernement, si rarement, qu'on peut dire que cette partie de ses attributions était en quelque sorte tombée en désuétude.

L'ancien conseil d'Etat était nommé par le pouvoir exécutif, le nouveau est élu par l'Assemblée nationale ; différence essentielle qui en rattachant par l'élection le conseil d'Etat à l'Assemblée nationale, en fait pour elle un auxiliaire fidèle et sympathique qu'elle se plaira à con_sulter souvent.

Cette thèse sera soutenue dans une des salles de la Faculté, en séance publique, le 6 août 1849.

Vu par le président de la Thèse ;

Dufour.

Impr. LACRXBIGUK, allée Lafayette, 5.

www.ingramcontent.com/pod-product-compliance
Ingram Content Group UK Ltd.
Pitfield, Milton Keynes, MK11 3LW, UK
UKHW020110100726
13658UKWH00005B/2088